AF257560

TROIS

PROCLAMATIONS

DU ROI,

FAITES PENDANT L'INTERRÈGNE.

TROIS
PROCLAMATIONS
DU ROI,

FAITES PENDANT L'INTERRÈGNE;

PAR M. THÉAULON.

A PARIS,

IMPRIMERIE DE Mme. V^e. PERRONNEAU,
QUAI DES AUGUSTINS, N°. 39.

1816.

9

AVIS.

Ces Proclamations ont été imprimées
et commentées dans tous les journaux:
elles parurent dans le courant du mois
d'avril 1815, et à cette époque funeste
où la France consternée semblait attendre
une parole de son Roi pour renaître à
l'espérance.

Quelques personnes les crurent officielles; le peuple, sur-tout, les lut avec
avidité; mais cela n'a rien d'étonnant:
ce peuple qui venait de goûter les pre-
miers bienfaits de la paix, se voyait de
nouveau menacé des malheurs affreux
dont Louis-le-Désiré l'avait affranchi, et
tout ce qui lui promettait le repos et le
bonheur devait naturellement lui paraître
émané du cœur de son Roi.

Le succès seul de mon entreprise pou-
vait justifier ce qu'elle avait de sacrilège,
et le ciel, jugeant mes intentions, voulut
ne me laisser aucun regret (1).

(1) S. M. a daigné ne point blâmer ces Proclamations.

Aujourd'hui, je croyais ces écrits oubliés depuis longtems, et je n'aurais jamais songé à m'en déclarer l'auteur, si plusieurs relations des évènemens qui se sont passés pendant l'interrègne, et notamment un ouvrage intitulé : *Bulletin de Paris*, ne les rapportaient comme *pièces officielles*.

J'ai tout dit !

Iʳᵉ. PROCLAMATION.

AU PEUPLE FRANÇAIS.

Français !

Celui qui vous a trompés pendant dix ans est venu vous tromper encore ; quinze jours se sont à peine écoulés depuis qu'il s'est assis, par la trahison, sur le trône où vos vœux m'avaient rappelé, et déja l'Europe est infestée de ses mensonges ; mais l'Europe le connaît, et l'Europe indignée s'avance pour l'anéantir. Elle s'avance, Français ; ses innombrables phalanges vont bientôt franchir nos frontières ; mais l'Europe n'est plus votre ennemie ; je vous ai réconciliés avec elle, et désormais vous ne devez voir dans ces étrangers, autrefois si redoutables, que des alliés généreux qui viennent vous aider à secouer le joug de l'oppression. Aujourd'hui tous les soldats de l'Europe marchent sous le même étendart, et c'est celui des lis. Affaibli par l'âge et par vingt - cinq ans de malheurs, je ne pourrai leur dire, comme l'un de mes aïeux : *ralliez-*

*

vous à mon panache blanc; mais je les suivrai de près au champ d'honneur.

Français! quel est parmi vous celui qui voudrait porter les armes contre moi? Je ne suis point votre ennemi; je suis le frère de Louis XVI! Je viens, comme Henri IV, combattre une nouvelle ligue; je viens, une seconde fois, vous apporter la paix et le bonheur.

IIe. PROCLAMATION.

A L'ARMÉE.

Soldats!

Que me reprochez-vous, et pourquoi m'avez-vous trahi? Est-ce moi qui, pendant dix ans, ai constamment acheté la victoire au prix de votre sang? Est-ce moi qui ai couvert tous les champs de l'Europe des ossemens de vos compagnons d'armes? Vous ai-je abandonnés dans les sables de l'Égypte ou sur les neiges de la Russie? Non, soldats! Dans l'exil comme sur le trône, je fus toujours votre père; sur le trône comme dans l'exil, je ne veux voir en vous que des enfans. Soldats! je le conçois; dans le repos dont s'indignait votre valeur, une fausse lueur de gloire a pu vous égarer, et si votre erreur est passagère, elle peut encore être excusable; si elle se prolonge, vous perdrez en peu de jours le fruit de vingt ans de travaux. Soldats! votre honneur, le bonheur de la France et le repos du monde l'exigent, fuyez cet aigle qui dévore les générations, et venez vous ranger sous la banière des Bourbons et des lis, de ces lis connus aussi de la victoire et respectés de toutes les nations. Soldats! venez à moi; je vous attends pour vous pardonner : si je vais à vous, il me faudra punir.

DÉCLARATION DU ROI.

Au moment de revenir au milieu de notre peuple, nous croyons lui devoir, à la face de l'Europe, une déclaration solennelle de nos sentimens et des intentions de nos alliés.

Quand le ciel et la nation nous rappelèrent au trône, nous fîmes, à Dieu et à la France, la promesse, bien douce pour notre cœur, d'oublier les injures, et de travailler, sans relâche, au bonheur de nos sujets.

Les fils de St. Louis n'ont jamais trahi le ciel ni la patrie. Déja notre peuple avait retrouvé, par nos soins, au dedans l'abondance et le repos, au dehors l'estime de toutes les nations. Déja le trône, ébranlé par tant de secousses, commençait à se raffermir lorsque la trahison nous a forcés de quitter notre capitale et de venir chercher un refuge aux confins de nos états.

Cependant, l'Europe entière s'est armée ; l'Europe, fidelle à ses traités, ne veut reconnaître de roi de France, que nous ; et douze cent mille soldats vont marcher pour assurer le repos du monde, et délivrer une seconde fois notre belle patrie.

Dans cet état de choses, un homme dont l'artifice et le mensonge font aujourd'hui toute la puissance, cherche à égarer l'esprit de la nation par des promesses fallacieuses, à la soulever contre son roi légitime, et à l'entraîner avec lui dans l'abîme, comme pour accomplir son effroyable prophétie de 1814 : *Si je tombe, on saura ce que coûte la chute d'un grand homme.*

Au milieu des alarmes que les dangers présens de la France ont fait naître dans notre cœur, la couronne (que nous n'avons jamais regardée que comme le pouvoir de faire le bien) eût perdu, à nos yeux, tous ses charmes, et nous aurions repris avec orgueil la route de cet exil où vingt ans de notre vie furent employés à rêver le bonheur des Français, si la patrie n'était menacée, dans son avenir, de toutes les calamités auxquelles notre retour avait mis un terme, et si nous n'étions, envers les souverains alliés, la plus sûre garantie de la France.

Ces souverains, qui nous donnent aujourd'hui une marque si grande de leur affection, ne peuvent plus être abusés par le cabinet de Buonaparte, dont le machiavélisme leur est connu ; unis par l'amitié, et par les intérêts de leurs peuples, ils marchent, sans hésiter, au but glorieux où le ciel a placé la paix générale et la félicité des nations.

Bien convaincus, malgré toutes les ruses d'une politique aux abois, que la nation française ne s'est point rendue complice de l'attentat de l'armée, ou que le petit nombre de Français qui s'est égaré, ne tardera pas à reconnaître son erreur, ils regardent la France comme leur alliée. Là où ils trouveront des Français fidèles, les champs seront respectés, les laboureurs protégés, les pauvres secourus, se réservant de faire peser les droits de la guerre sur les provinces qui, à leur approche, ne seraient point rentrées dans le devoir.

Cette restriction, dictée par la prudence, affligerait sensiblement notre cœur, si notre peuple nous était moins connu; mais quelles que soient les craintes qu'on ait voulu lui inspirer sur nos sentimens, puisque nos alliés ne font la guerre qu'à des rebelles, notre peuple n'a rien à redouter; et nous aimons à penser que son amour pour nous n'aura été altéré ni par une absence de peu de durée, ni par les calomnies des libellistes, ni par les promesses d'un chef de parti, trop convaincu de sa faiblesse pour ne pas caresser ceux qu'il brûle de déchirer.

A notre retour dans notre capitale, retour que

nous regardons comme très-prochain , notre premier soin sera de récompenser les citoyens vertueux qui se sont dévoués à la bonne cause, et de travailler à faire disparaître jusqu'à l'apparence des abus qui peuvent avoir éloigné de nous quelques Français.